湖北省博物館
HUBEI PROVINCIAL MUSEUM

湖北省博物馆少儿绘本丛书

博物馆里的节日

上巳节

主编　钱　红

WUHAN UNIVERSITY PRESS
武汉大学出版社

“湖北省博物馆少儿绘本丛书”编委会

《博物馆里的节日》编委会

前　　言

越来越多的小朋友走进博物馆，爱上博物馆，爱上博物馆里的文物故事。为此，我们精心打造了《博物馆里的节日》，将14个传统节日、7个公历节日，分别与湖北省博物馆里的21件文物瑰宝链接起来。我们精心设计了湖北省博物馆的文物守护精灵“北北”，还有她的好朋友“湖湖”，让他们带着大家一起穿越时光，了解每个节日的由来；体验每个传统节日的习俗，这些习俗都是中华民族在漫长的历史长河中不断凝聚的宝贵财富，值得我们传承；配上了与文物相关的成语故事、神话故事或历史故事；设置了有趣的“互动问答”，让小朋友在轻松愉快的氛围中学习科普知识。小朋友还可以邀请家长扫描书中的二维码，拓展更广阔的“悦读”空间，了解更多的传统文化，让先民留给我们的精神财富得以传承和弘扬。

钱红

2022年11月

春节
元宵节
除夕
小年
腊八节
冬至
重阳节

龙抬头

花朝节

上巳节

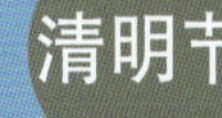

清明节

端午节

七夕节

中秋节

你好！我叫北北，是湖北省博物馆的文物守护精灵。我可以穿梭时光，带你体验不一样的博物馆节日氛围。旁边是我的好朋友——湖湖。

我们都喜欢湖北省博物馆里的文物，也喜欢听文物背后的故事！这些故事和我们传统节日也有关哦！

晴风丽日满芳洲

——上巳

上巳日祓禊渭滨应制
（唐）徐彦伯
晴风丽日满芳洲，柳色春筵祓锦流。
皆言侍跸横汾宴，暂似乘槎天汉游。

节日由来

农历三月初三是我国传统节日，汉族称为上巳节。相传是中华人文始祖——轩辕黄帝的生日。农历三月初三“上巳节”是纪念黄帝的节日。

节日习俗
上巳节春意正浓，人们喜欢一起去踏青，
泼水嬉戏，水边结伴宴饮等。
踏青
天气真好呀！

好呀，还能带走身上的灾晦之气，以流水洁净身体，让灾难与疾病随水同去。
让我们一起去水边洗掉身上的污垢吧！

泼水嬉戏

曲水流觞

汉代出现曲水流觞的习俗，该习俗一直持续到明清时期。曲水流觞是指众人围坐在回环弯曲的水渠边，将特制的酒杯——“觞”置于上游，任由它顺着弯弯曲曲的水渠缓缓漂浮，酒杯漂到谁的跟前，谁就取杯吟诗饮酒。

临水宴饮，悠哉悠哉。

节日习俗知识拓展

地菜花煮鸡蛋

地菜学名荠菜，民间有“三月三，荠菜赛灵丹”的说法。此时地菜花药性最好，食用它可以祛除冬天的寒气。荠菜与“吉菜”“聚财”谐音，寓意美好。

祓禊畔浴

人们在水边举行祭礼并沐浴去垢，祈求消除疾病、洁净身心。

文物链接

彩绘龙凤纹漆木耳杯

2002 年出土于湖北枣阳的九连墩，距今 2000 多年。彩绘龙凤纹漆木耳杯用薄木挖制而成，椭圆形，两侧有耳，彩绘龙凤呈祥的纹饰。造型优美，线条流畅，纹饰绚丽多彩。试想，以如此精美的酒具曲水流觞，一定别有一番风味，岂不诗意盎然？

历史故事
兰亭集会：历史上最著名的一次曲水流觞活动，是东晋永和九年（353 年），王羲之和孙绰、谢安等 40 多位名士，在今天的浙江绍兴兰亭聚会。他们行令畅饮，得诗三十七首，是为《兰亭集》。王羲之为此次集会挥毫写下了千古名篇《兰亭集序》。

互动问答

大家是不是对上巳节有了一些了解呢？现在来和我一起看看后面的题目吧。

1. 农历三月初三又被称为（ ）。

A. 清明节　B. 花朝节　C. 上巳节

好耶！又可以扩展新知识了！

2. 彩绘龙凤纹漆木耳杯是什么（ ）材质的？

A. 木料　　B. 青铜　　C. 骨质

3. 成语“羽觞随波”中，羽觞指的是（ ）。

A. 羽毛　　B. 鸟雀　　C. 酒杯

答案

图书在版编目(CIP)数据

博物馆里的节日.上巳节/钱红主编.—武汉:武汉大学出版社,2023.5
湖北省博物馆少儿绘本丛书
ISBN 978-7-307-23746-9

Ⅰ.博… Ⅱ.钱… Ⅲ.节日—风俗习惯—中国—少儿读物 Ⅳ.K892.1-49

中国国家版本馆 CIP 数据核字(2023)第 078623 号

责任编辑:李 玚　　责任校对:李孟潇　　装帧设计:何家辉 颜 硕

出版发行:**武汉大学出版社** (430072 武昌 珞珈山)
(电子邮箱:whu_publish@163.com)
印刷:武汉市金港彩印有限公司
开本:880×1230 1/16　印张:25　字数:157 千字
版次:2023 年 5 月第 1 版　2023 年 5 月第 1 次印刷
ISBN 978-7-307-23746-9　定价:298.00 元(全 15 册)
